FACULTÉ DE DROIT DE PARIS.

THÈSE

POUR LA LICENCE.

L'acte public sur les matières ci-après sera soutenu le mercredi 26 août 1840, à quatre heures,

Par Alexandre-Louis GALLIEN, né à Paris (Seine).

Président, M. PELLAT, Professeur.

Suffragants :
MM. DURANTON,	
ORTOLAN,	Professeurs.
DELZERS,	
FERRY,	Suppléants.

Le Candidat répondra en outre aux questions qui lui seront faites sur les autres matières de l'enseignement.

PARIS.

IMPRIMERIE DE CÉZAR BAJAT,

RUE MONTMARTRE, 131.

1840

A MON PÈRE, A MA MÈRE.

A MA BONNE TANTE Antoinette-Louise MARIS, Vᵉ RIVAL.

TÉMOIGNAGE DE RECONNAISSANCE.

JUS ROMANUM.

DE COLLATIONE BONORUM.

(D. xxxvii, 6.) (1)

Prætor ad hereditatem vocandc cum suis heredibus alios liberos qui tempore mortis ejus in potestate parentis non erant, non proponebat sibi eorum conditionem meliorem facere, sed æqualem duntaxat cum his qui in potestate remanserant. Ideoque necessitatem ipsis imposuit bona propria in medium conferendi quæ parenti acquisivissent, si ejus in potestate essent tempore mortis. Nam æquissimum putavit neque eos bonis paternis carere, per hoc quia non sunt in potestate,

---

(1) Nihil de jure justinianeo dicemus, neque de dotis collatione, quæ sorte non obtigerunt nobis tractanda.

neque præcipua bona propria habere, cum partem sint ablaturi suis heredibus.

Igitur solis heredibus suis collatio fit, sed nunquam inter bonorum possessores ex solo jure prætorio succedentes.

Item his qui in potestate retenti sunt solummodo conferendum est quum injuriam per bonorum possessionem patiuntur, quod non accidit si heredes ex minore parte scripti fuerint.

Collationis onus incumbit iis qui bonorum possessionis emolumentum habent, sive contra tabulas admittuntur, sive ab intestato ad bonorum possessionem undè liberi.

Cæterùm hi qui veniunt ad hereditatem ex testamento, non debent collationem, nisi aliud à testatore cautum sit.

Insertum est edicto prætoris maximè cum boni viri arbitratu collationem fieri. Igitur collatio fit aut re, id est, rerum in mediam hereditatem illatione vel earum æstimatione in partem hereditariam computata, tantum quantum habere debent ex collatione heredes sui ; aut cautione de rebus quandoque communicandis interposita. Caveri potest aut satisdatione, aut pignoribus. Locum habet hæc cautio sive in totum collatio facta non sit, sive in partem facta. Si autem inter partes quid sit in bonis ejus qui collationem debet, non constet, sed dicantur quædam non esse in commune redacta, tunc propter incertum cautio adhuc erit interponenda.

Antequam liberi caveant bonorum possessio accipi potest; quippe hujus collatio non est conditio. Sed si collationem repudiaverit bonorum possessor hoc modo potest coërciri, ut hereditariæ actiones ei denegentur, et tota hereditas apud eum qui in potestate est remaneat.

Attamen, non statìm ab eo transferenda est bonorum possessio; circà hoc distinguitur si per inopiam, vel propter contumaciam repudiatur. Priore casu, heredes sui ei cavent de rebus quæ mora deteriora futura sunt, aut curator portionis ejus constituitur, apud quem refecta pecunia collocatur, ut tunc demùm recipiat quod redactum est, quum bona propria contulerit. Si per contumaciam non cavet, cavere potest usque ad finem anni quo delata est possessio : sed Papiniano placet difficilius caveri posse, anno elapso.

DROIT FRANÇAIS.

DU PARTAGE ET DES RAPPORTS.

(Code civil, art. 815-869 883-892, 1075-1080. Code de Procédure civile, art. 966-985.)

Ces dispositions des Codes civil et de procédure sont applicables, les unes à toute indivision, de quelque titre quelle procède ; les autres à l'indivision résultant de la dévolution d'une succession à plusieurs héritiers. Nous rangerons en conséquence sous une première section les règles générales du partage, et celles de la licitation, qui n'est qu'un mode de partage ; et sous une deuxième, celles propres aux successions, ce qui comprend les rapports.

SECTION I.

§ 1er. Du Partage.

Tous les modes d'acquérir les droits réels peuvent constituer plusieurs personnes dans un état d'indivision à l'égard d'une ou plusieurs choses corporelles. Or, la raison et l'expérience ont prouvé que cet état apporte beaucoup d'entraves à l'exercice du droit de propriété, et n'est que trop souvent une source de discorde entre les cointéressés. Il importait donc également à l'ordre public et à l'intérêt privé, que le législateur empêchât ces graves inconvénients de se perpétuer. De là le principe posé dans notre Code civil que *nul n'est tenu de demeurer dans l'indivision* ; et cette règle, que toute obligation que s'imposeraient à cet égard les cointéressés, ne pourrait-être valable au-delà de cinq ans, quoique susceptible d'être renouvelée. Nous croyons devoir conclure des motifs qui ont amené le principe que nous venons d'énoncer, et du texte même de

2

la loi , qu'un donateur ou un testateur ne peut apposer à sa libéralité aucune condition tendante à contraindre les donataires ou légataires conjoints à rester dans l'indivision, même pour un temps moindre de cinq ans.

Le principe de la division forcée ne s'applique toutefois ni à la communauté conjugale, ni aux sociétés à terme. Il reçoit également exception lorsque la nature de la chose commune l'exige.

Le moyen le plus naturel de sortir de l'indivision est le partage, qu'il ne faut pas confondre avec le règlement de parts qui lui sert de base. Le partage consiste à attribuer un droit exclusif contre l'aliénation d'un droit indivis.

Lorsque le partage porte sur la propriété même de la chose indivise. il est dit définitif , parce qu'il fait cesser définitivement l'indivision. Quand l'intention des parties ou la loi le fait porter sur la jouissance seulement de cette chose, il est dit provisionnel : alors en effet, l'indivision subsiste toujours quant au fond du droit , et les parties conservent la faculté de la faire cesser. Aucune prescription ne peut même courir à cet égard entre ceux qui ont consenti le partage provisionnel ; car, par cet acte, ils se sont réciproquement reconnus copropriétaires. Mais le partage que la loi seule borne à la jouissance n'empêche point la prescription, parce que les parties ayant entendu le faire définitif, possèdent *pro suis* et non à titre précaire; sauf les suspensions et interruptions telles que de droit.

Quel que soit l'objet du partage, il s'opère toujours au moyen d'échanges ou de ventes, entre les copropriétaires, de leurs droits indivis dans toute la chose commune, pour un droit exclusif sur une portion de cette chose, ou sur tout ou partie de son prix. C'est donc un acte d'aliénation à titre onéreux, emportant des obligations synallagmatiques analogues à celles qui résultent des contrats d'échange et de vente, mais ayant pour but, à la différence de ces contrats qui sont spéculatifs, une distribution dont l'égalité fait la base essentielle. En outre, contrairement encore à la vente et à l'échange, le partage est souvent un acte de nécessité au moins pour quelques-uns des intéressés, qui, bon gré malgré, sont contraints d'y procéder sur la demande des autres.

Ces caractères constitutifs du partage entraînent les conséquences suivantes :

1° — Pour procéder valablement à un partage, il faut être copropriétaire de la chose à diviser, avoir l'exercice de ses droits civils, et agir concurremment avec tous ses consorts.

Cependant, l'incapacité, la non présence ou le refus de quelques-uns des copropriétaires ne forment point empêchement au partage, seulement, afin que l'égalité soit toujours efficacement protégée, la loi soumet alors cette opération à des formalités rigoureuses et solennelles. Mais aussi sous la foi de ces garanties, et en raison du caractère de nécessité de l'acte, le tuteur est habile à provoquer le partage au nom du mineur avec la seule autorisation du conseil de famille, et il peut y défendre même sans cette autorisation. Le mineur émancipé peut y procéder soit en demandant, soit en défendant, avec la seule assistance de son curateur. Le même droit appartient aux envoyés en possession même simplement provisoire, et à l'époux de l'absent, qui a opté pour la continuation de la communauté aux termes de l'art. 124 du Code civil. La femme mariée n'a pas besoin d'autorisation pour défendre à une action en partage de ses biens propres, sauf la réserve des droits que peut avoir le mari sur ces mêmes biens; et elle peut procéder, en demandant comme en défendant au partage de ses immeubles dotaux, malgré leur inaliénabilité, seulement en raison de ce caractère, elle doit obtenir l'autorisation de la justice.

Les formalités destinées à protéger les intérêts des incapables, des non présents et des non consentants, consistent dans l'intervention de la justice pour ordonner, surveiller et sanctionner toutes les opérations du partage ; choisir un notaire et des experts auxquels elles doivent être confiées, et qui y procèdent d'après des règles tracées par la loi ; et enfin pour statuer sur les prétentions diverses que ces opérations peuvent faire naître.

Le tribunal compétent est en général celui de la situation des choses communes ; en matière de société, c'est celui du siége social ; et en matière de succession, celui du lieu de son ouverture. Cette détermination n'est pas fondée, selon les règles ordinaires de compétence, sur la nature de l'action, mais sur les caractères particuliers de la mission des juges dans ces circonstances. C'est par les mêmes motifs qu'est attribuée à ce même tribunal la connaissance des actions en garantie et en rescision du partage, lesquelles sont de véritables demandes en nouveau partage, soit total, soit partiel.

Lorsque les conditions de capacités et les formalités prescrites ont été observées , le partage est définitif, c'est-à-dire qu'il produit les mêmes effets que s'il eût été fait entre toutes parties capables et consentantes. Si quelques unes de ces conditions ou formalités ont été négligées , il n'est que provisionnel, et n'a par conséquent d'effet que relativement à la jouissance des choses qui en font l'objet.

Au reste , les formalités judiciaires n'étant exigées que pour les cas déterminés par la loi, le partage dans toutes autres circonstances peut être fait par tel acte et dans telle forme que les parties jugent convenables. Elles peuvent, en conséquence, après avoir pris la voie judiciaire, l'abandonner totalement ou partiellement en s'accordant sur la manière de procéder.

2° — La part attribuée par le partage à chacun des cointéressés doit être la juste représentation de son droit de copropriété dans la chose commune. Or, l'équivalent le plus exact de ce droit, consiste , sans contredit, dans une fraction proportionnelle de la chose même. De là cette règle que chacun peut exiger sa part en nature des meubles et immeubles indivis. Mais, par cela même que ce droit est commun à tous, il ne doit pas être exercé par les uns d'une manière préjudiciable aux autres. Aussi cette règle n'est-elle rigoureusement applicable qu'à l'égard des biens qui peuvent se diviser commodément, c'est-à-dire sans éprouver un préjudice notable. La loi veut même, dans l'intérêt de l'agriculture et de l'industrie, que l'on évite autant que possible de morceler les hérita-ges et de diviser les exploitations. Si donc, d'après ces règles, la division réelle des immeubles ou de l'un d'eux considéré non pas isolément, mais dans ses rapports avec les autres et les parts à faire, est jugée impossible, la loi prescrit la vente par licitation. Mais si l'indivisibilité n'est que par-tielle et peut être couverte par des retours de lots, soit en rente, soit en ar-gent, c'est ce dernier mode qui doit être suivi. A l'égard des meubles qui, par leur nature, sont ordinairement d'une importance moindre, et d'un remplacement plus facile, la majorité des cointéressés, ou l'un d'eux seulement s'il y a des créanciers saisissans ou opposans, peut en exiger la vente publique pour l'acquit des dettes et charges de la communauté.

5º — Les copartagés doivent se garantir réciproquement la jouissance paisible des choses échues à leurs lots; car elle est véritablement pour chacun la cause du partage. Cette obligation comprend non seulement les troubles et évictions de droit, mais aussi l'insolvabilité des débiteurs des créances qui ont pu être comprises dans le partage pour le faciliter. Elle n'entraîne jamais la rescision du contrat à cause de la multiplicité des intérêts que souvent il protège, mais seulement une indemnité en argent de la perte éprouvée. Chaque copartagé en est tenu personnel-lement en proportion de la part qu'il a prise dans la masse commune. Si l'un d'eux se trouve insolvable, sa part dans la dette est répartie pro-portionnellement sur toutes les autres.

Mais pour qu'il y ait lieu à la garantie, il faut : 1º que la cause de la perte ne soit pas postérieure au partage, sauf bien entendu le cas d'in-solvabilité de l'un des obligés; 2º que cette cause n'ait pas été exceptée par une clause particulière et expresse du contrat; 5º que ce ne soit pas par la faute du réclamant que la perte soit survenue.

L'action en garantie se prescrit par trente ans comme toutes les actions personnelles qui ne sont pas limitées à un moindre temps. Néanmoins la loi, par une disposition qu'il est difficile de s'expliquer autrement que par une méprise, borne à cinq ans, du jour du partage, la durée de la garantie pour l'insolvabilité du débiteur d'une rente.

Le recours en garantie est assuré par un privilége sur tous les immeubles compris dans le partage, privilége qui se résout en simple droit d'hypothèque faute d'inscription dans les soixante jours de la date du contrat. Mais le droit réel, qui en résulte dans l'un et l'autre cas sur chaque lot contenant des immeubles grevés, est renfermé dans les mêmes limites que l'obligation personnelle du copartagé détenteur de ce lot.

4° — Le partage repose sur le consentement des parties; il est par conséquent rescindable pour les causes qui vicient ce consentement. Cependant la loi, en indiquant les causes de rescision du partage, omet l'erreur. C'est qu'en effet, dans cette matière, ou l'erreur trouve sa sanction dans d'autres voies de recours, ou elle se confond avec la lésion que la loi admet ici comme cause de rescision lorsqu'elle diminue de plus du quart la portion de l'un des copartagés.

L'action en rescision du partage est en général régie par le droit commun; toutefois comme elle est essentiellement protectrice de l'égalité au moins proportionnelle qui doit toujours régner entre copartageants, lorsqu'elle a pour cause la lésion, le législateur a cru devoir la prémunir contre les dissimulations à l'aide desquelles on voudrait l'éluder, en la déclarant spécialement recevable contre tout acte quelconque ayant pour objet ou pour but réel un partage. Nous pensons que c'est pour le même motif que l'article 892 ne parle que du dol et de la violence, et qu'en conséquence on ne doit pas voir une fin de non recevoir contre le copartagé lésé, dans le seul fait d'aliénation de tout ou partie de son lot, même en connaissance de la lésion.

La rescision pouvant, dans ses effets, froisser de graves et nombreux interêts, et l'égalité que, dans le cas de lésion, elle a pour but de rétablir portant principalement sur la valeur réelle des objets du partage, la loi accorde au défendeur la faculté d'en arrêter le cours en offrant et fournissant au demandeur le supplément de sa portion, soit en numéraire. soit en nature.

Il est bien évident, au reste, qu'on ne peut reconnaître la lésion que par une estimation générale des objets du partage, suivant leur valeur à l'époque où il a eu lieu, puisque c'est à cette époque que l'égalité est requise.

5°— Il suivrait encore de la nature de notre contrat que chaque copartagé devrait respecter les aliénations et les charges réelles concernant les biens échus à son lot, et consenties durant l'indivision par ses consorts dont il est l'ayant cause, sauf son recours tel que de droit. Mais cette conséquence entraînerait dans la pratique de graves inconvénients; elle pourrait d'une part gêner beaucoup les opérations du partage, et d'une autre part donner lieu à ce nombreux recours en garantie. C'est précisément pour écarter ces fâcheux résultats que la loi fait rétroagir l'effet du partage au jour de l'indivision ; ce qui subordonne à l'événement de ce contrat les actes de propriété émanant de chaque copropriétaire, de telle sorte qu'ils subsistent si les biens qu'ils affectent tombent dans le lot de leur auteur, et s'évanouissent dans le cas contraire. Néanmoins, nous ne pensons pas que cette règle puisse être appliquée à l'aliénation des meubles, à cause de la maxime qu'en fait de meubles, possession vaut titre.

Au reste, la loi ne laisse pas sans protection l'intérêt des créanciers personnels des copartageants. Non seulement ils peuvent, comme représentant leur débiteur, exercer tous ses droits et actions concernant le partage, mais, en outre, pour éviter que ce contrat ne soit fait en fraude de leurs droits, ils ont la faculté de s'opposer à ce qu'on y procède hors de leur présence, et d'y intervenir à leurs frais. Mais aussi, en raison même de cette faculté, et pour assurer d'autant la stabilité du partage, la loi restreint ici l'application de l'art. 1167 au cas où le contrat aurait été fait en leur absence et au préjudice d'une opposition qu'ils auraient formée.

§ II. — De la Licitation.

La licitation est une manière de sortir d'indivision , qui consiste dans la vente aux enchères des biens indivisibles , ou qu'aucun des copropriétaires ne peut ou ne veut recevoir en nature ; elle a lieu à l'amiable ou en justice selon les distinctions que nous avons faites pour le partage. La licitation judiciaire des immeubles est soumise aux formalités prescrites par le code de procédure, liv. II , partie II , tit. VI et articles 972, 975. Le tribunal qui doit en connaître est celui qui connaîtrait du partage s'il avait lieu. Lorsque c'est l'un des copropriétaires qui se rend adjudicataire, la licitation est considérée comme un véritable partage, et en produit tous les effets.

SECTION II.

De quelques règles Particulières au Partage des successions.

Outre les règles que nous venons d'exposer relativement au partage considéré en général , il en est d'autres qui sont propres au partage des successions. Nous allons, à cet égard, exposer les principes qui régissent le droit appelé *retrait successoral*, *les rapports*, et *le partage des ascendants entre leurs descendants*.

Du Retrait successoral.

Pour empêcher les spéculateurs avides de pénétrer dans les secrets de la succession, et de porter le trouble dans le partage, qui est alors une opération de famille, la loi accorde à tous les successeurs universels ou à titre universel, et à chacun d'eux personnellement, le droit d'écarter du partage, en l'indemnisant, tout cessionnaire à titre onéreux de droits successifs, fût-il même arent du défunt, s'il n'a pas déjà qualité pour y figurer comme successeur. L'indemnité qui est la condition de ce retrait consiste dans le remboursement du prix réel de la cession, des frais légitimes et des intérêts à compter du jour où le cessionnaire a payé. Il est vrai que l'art. 841 ne parle que du prix, mais nous pensons qu'on doit par analogie appliquer ici la disposition de l'art. 1699, en ce qui concerne les accessoires, car il n'y a pas de raison pour qu'un cessionnaire de droits successifs soit traité plus défavorablement qu'un cessionnaire de droits litigieux.

Des Rapports.

L'économie de la dévolution légale des successions peut être troublée par la volonté du défunt, du moins dans les limites de la quotité disponible. Toutefois, la loi ne suppose pas facilement cette volonté : elle la repousse au contraire autant que possible, dans la vue de maintenir la distribution qu'elle a déterminée entre les héritiers. C'est ainsi qu'elle oblige tout héritier, même bénéficiaire, à rapporter à ses cohéritiers tous les avantages entrevifs, directs ou indirects, qu'il a reçus du défunt au détriment de son patrimoine, si celui-ci ne l'en a dispensé expressément, c'est-à-dire d'une manière indubitable et dans la forme légale. Par le même motif, elle lui interdit de réclamer les legs qui ne lui ont pas été faits expressément à titre de préciput ou de hors part.

Il est évident, au reste, que le but de ces dispositions en restreint l'application entre les héritiers légitimes, et ne permet pas de les étendre aux créanciers de la succession, ni aux légataires non héritiers.

Pour faciliter la liquidation de la succession entre les héritiers, la loi dit encore que chacun d'eux fait rapport à la masse des sommes dont il est débiteur envers elle. Mais ce n'est là qu'un moyen d'exécution, qu'un mode de partage, qui ne peut avoir pour effet de soumettre ces dettes à la loi des rapports proprement dits. Elles restent donc, nonobstant cette disposition, sous l'empire du droit commun

Les moyens indirects que le défunt peut avoir employés pour avantager l'un de ses héritiers sont infinis, et il est pour ainsi dire impossible de les prévoir tous. Aussi la loi se borne-t-elle à poser le principe, laissant au juge à décider quand, *en fait*, il y aura ou non avantage déguisé. Cette dissimulation constituant une fraude à la loi des rapports, la preuve en incombe naturellement à ceux qui l'allèguent, car en général la fraude ne se présume pas. La loi prend même le soin ici de proscrire les présomptions qu'on aurait pu tirer des relations de parenté ou d'alliance qui peuvent se rencontrer entre un donataire et l'héritier que l'on veut soumettre au rapport. Bien plus, elle éloigne tout soupçon de fraude dans les associations faites entre le défunt et l'un de ses héritiers, lorsque les conditions en ont été réglées par un acte authentique. Cependant, par exception, elle suppose un avantage déguisé dans le cas d'aliénation de biens faite par le défunt à l'un de ses successibles en ligne directe, soit à charge de rente viagère, soit à fonds perdu ou avec réserve d'usufruit; mais, par exception aussi, elle dispense du rapport ce successible devenu héritier (948).

Les frais de nourriture, d'entretien, d'éducation, d'apprentissage, les frais ordinaires d'équippement, ceux de noces et présens d'usage, ne doivent pas être rapportés. Cette disposition paraît fondée sur la supposition que ces dépenses sont prises sur les revenus, dont l'emploi, tant qu'ils ne sont pas capitalisés, ne constitue point un déficit du patrimoine. Aussi pensons-nous qu'elles seraient soumises au rapport si cette supposition était démentie en fait, pourvu cependant qu'elles puissent être considérées comme des libéralités envers l'héritier, ce qui ne serait pas s'il y avait obligation pour le défunt à les faire, ou si l'héritier n'en avait pas profité, comme s'il s'agissait de frais de noces.

Le même motif affranchit du rapport les fruits naturels ou civils produits, du vivant du donateur, par la chose donnée.

L'obligation du rapport se contracte au moment même de la donation, sous la condition suspensive que le donataire viendra à la succession du donateur : condition qui s'accomplit ou déchoit au jour de l'ouverture de cette succession. L'héritier donataire s'acquitte envers ses cohéritiers lors du partage, tantôt comme débiteur de corps certain, tantôt comme débiteur de quantité (861–864).

En principe, il doit rapporter les immeubles en nature; la donation ne lui en transfère donc qu'une propriété résoluble. Aussi ces biens rentrent-ils à la masse partageable francs et quittes de toutes charges créées par lui, sauf l'effet de la rétroaction du partage. Les créanciers du donataire ont donc tout intérêt à intervenir conformément à l'art. 882, pour s'opposer à ce qu'on procède en fraude de leurs droits. Cet intérêt est d'autant plus grand que, pour la bienveillance qui doit toujours régner entre personnes étroitement unies, la loi fait exception à notre principe quand les cohéritiers du donataire peuvent se remplir de leurs droits en prélevant sur la masse de la succession des immeubles de même nature, valeur et bonté que ceux qui doivent être rapportés.

La même raison d'équité, et de plus l'utilité publique qui demande que la circulation des biens soit entravée le moins possible, ont fait introduire une seconde exception au rapport en nature des immeubles. Lorsqu'ils ont été aliénés par le donataire antérieurement à l'ouverture de la succession, c'est seulement leur valeur à cette époque qui doit être rapportée. Ainsi, dans ce cas, l'obligation du rapport, qui jusque là avait pour objet un corps certain, est dès-lors transformée en une obligation de quantité. Nous pensons, en conséquence, que malgré la généralité des termes de 864, les modifications que pourraient subir postérieurement à cette transformation les immeubles aliénés, seraient indifférentes pour le règlement des droits des cohéritiers.

A l'inverse des immeubles, le mobilier, qui est d'une dépréciation prompte et d'un remplacement facile, ne se rapporte que par équivalents, c'est-à-dire que l'héritier donataire en est devenu propriétaire incommutable du jour de la donation, sous l'obligation conditionnelle d'en rapporter la valeur, suivant l'état estimatif qui a dû être annexé à l'acte, et, à défaut, d'après une appréciation d'experts. Cette obligation ayant réellement pour objet une somme d'argent, les modes de libération déterminés par l'art. 869 doivent lui être applicables, puisqu'il y a les mêmes motifs que lorsqu'il s'agit du rapport d'une donation de numéraire.

Du Partage des ascendans entre leurs descendans.

Dans la vue de prévenir des contestations trop fréquentes entre cohéritiers, et d'éviter la nécessité d'un partage judiciaire en cas de minorité, d'absence ou d'interdiction, la loi, confiante dans l'affection éclairée du père de famille, lui permet de faire entre ses descendans le partage de ses biens. Mais, considérant sans doute qu'il y a de la part de cet ascendant une sorte de disposition à titre gratuit dans la transformation qu'il fait ainsi à son gré des droits de ses héritiers, la loi, peut-être un peu sévère, l'oblige à observer les formalités, les conditions et les règles des donations entrevifs ou des testamens. Du reste, elle reconnaît le caractère principal de cet acte, en le déclarant nul faute de comprendre tous les ayant-droits à l'époque de l'ouverture de la succession, et en le soumettant à la rescision pour lésion de plus du quart. Sa sollicitude à cet égard va même plus loin, car elle veut que ce partage soit encore rescindable, si la plus value d'un lot, se réunissant à des dispositions par préciput, constituait au profit de l'un des copartagés un avantage qui excédât la quotité disponible. Toutefois, par respect pour la magistrature domestique, elle présume toujours cet acte équitable, et, en conséquence, impose à l'enfant qui l'attaque l'obligation de faire l'avance des frais, et au juge de les lui faire supporter en définitive s'il succombe.

Quoique la loi ne le rappelle pas, il ne nous paraît pas douteux que la garantie réciproque que se doivent en général les copartagés ne s'applique à cette espèce de partage.

Positions.

I. La convention de suspendre le partage, ne peut être opposée aux créanciers antérieurs des parties contractantes. Ils peuvent donc, nonobstant cette convention, exercer le droit que leur confère l'art. 2205 du Code civil

II. Lorsque cette convention a été renouvelée avant l'expiration d'un premier délai de cinq ans, le nouveau délai doit courir du jour du renouvellement.

III. L'article 59, al. 6, Cod. pr., en ne déclarant le tribunal de l'ouverture de la succession compétent que jusqu'au *partage inclusivement*, n'a pas entendu déroger à l'article 822 du Code civil, en ce qui concerne la garantie des lots et la rescision du partage.

IV. Les parties capables qui ont figuré dans un partage déclaré provisionnel par l'art. 840 du Code civil peuvent, comme les incapables. demander le partage définitif.

Mais les incapables seuls peuvent attaquer un partage où ils sont personnellement intervenus; ils doivent même dans ce cas, agir dans les dix ans du jour où leur incapacité a cessé.

V. L'exception d'un cas de garantie ne préjudicie point à l'action en rescision pour lésion de plus du quart que peut éprouver l'un des copartagés par suite de cette exception.

VI. Le défendeur à l'action en rescision, pour lésion d'un partage fait par un ascendant entre ses descendants, peut arrêter le cours de cette action et empêcher un nouveau partage, en offrant et fournissant au demandeur le supplément de sa portion héréditaire, soit en numéraire, soit en nature.

VII. L'héritier qui exerce le retrait successoral n'est pas tenu d'en communiquer le bénéfice à ses cohéritiers.

VIII. Les dons rémunératoires sont soumis au rapport.

IX. La renonciation à un droit acquis, faite dans l'intention d'avantager un successible, constitue une libéralité sujette au rapport.

X. Il en est de même du prêt fait par le défunt à son successible. Ainsi, quoiqu'il n'ait pas été stipulé d'intérêts, ils courent cependant de plein droit à compter de l'ouverture de la succession, au profit des cohéritiers, qui peuvent même exiger le paiement du capital lors du partage, malgré la convention d'un terme non expiré, entre le prêteur et l'emprunteur.

XI. Le donataire d'un usufruit, ou d'une rente perpétuelle ou viagère satisfait à l'obligation du rapport, en remettant son droit à la masse partageable.

XII. Les créanciers personnels d'un cohéritier peuvent exiger le rapport du chef de leur débiteur. Par conséquent, les créanciers de la succession ont le même droit du chef de l'héritier qui a accepté purement et simplement.

XIII. L'acte par lequel un collatéral ferait la distribution de ses biens entre ses héritiers vaudrait comme disposition, mais non comme acte d'exécution. On ne devrait donc pas y appliquer les règles des partages.

XIV. Le partage d'ascendant fait par acte entrevifs, et comprenant l'universalité des biens présents, assujettit de plein droit les copartagés au paiement des dettes actuelles de leur auteur.